オイルじゃなくて水だから

ふとらない
シフォンケーキ

茨木くみ子

文化出版局

ノンオイルのシフォンケーキは、油の代わりに水が入ります。
パサつかずとてもしっとりで、
油入りのものより、ふわふわな食感に焼き上がります。

ノンオイルのシフォンケーキはうれしいことがいっぱい！

材料がシンプルで、作り方がとにかく簡単

基本の材料は、粉、卵、水、砂糖だけ。作り方も単純明快で、めんどうな作業やわかりにくい行程はいっさいなし！

油が入らないのでカロリーは2/3程度

炭水化物とたんぱく質は1gで4kcalのエネルギー量なのに対し、脂質は倍以上の9kcalと高カロリーです。その油を一切使用しないので、ノンオイルシフォンは、低カロリー低脂肪。肥満や生活習慣病の予防ができます。

失敗が少ない

油の入ったシフォンケーキはメレンゲの泡を保つのが大変で、上手に膨らませるのが難しいです。一方、ノンオイルシフォンケーキはメレンゲの泡を消しにくいため失敗が少ないです。

後片づけもラクラク

油でベトベトになった泡立て器やボウルを洗うのはひと苦労です。ノンオイルシフォンなら、油を使わないので、水だけでささっと手早く後片づけ終了！

消化がいいので、胃腸にやさしい

油を使うと消化のスピードが遅くなり、胃腸に負担がかかります。ノンオイルなら消化がよく、子どもからお年寄りまで、安心して食べられます。

低価格で経済的

油の代わりに水を使えば、材料費も節約。お財布にもやさしいケーキです。

粉は薄力粉、強力粉、全粒粉、製菓用米粉、もち粉と、お好みの粉に変更可能

本書では、レシピに対しておすすめの粉で作っていますが、好みで変えることも可能です。もち粉で作る場合は、分量を5g増やしてください。

フレーバーを変える

フルーツのシフォンケーキ

野菜を混ぜ込んで

Contents

粉を変える

模様を描く

シフォン生地で
アレンジケーキ

〈注意書き〉

● 小さじ1は5㎖、大さじ1は15㎖、1カップは200㎖です。

● オーブンの加熱時間は目安です。機種や使用年数などによって、多少異なる場合がありますので、必ず様子を見ながら加熱し、調節してください。

● 電子レンジの加熱時間は特に表記がない場合700Wのものを使用しています。600Wの場合は、約1.2倍にしてください。機種や使用年数などによって、多少異なる場合があります。様子を見ながら加熱してください。

● 算出したエネルギー（カロリー）は1人分のおおよその数値です。

基本の材料

材料選びができるのが手作りの特権です。
上質で安全な食材選びをしましょう。

卵

M玉（殻つきで60g前後
のもの）を選びましょう。直
径17cmのシフォンケーキの
場合、卵4個で240g前後
にして使用してください。

砂糖

砂糖は上白糖を使用してい
ます。値段も安く、農薬や
不純物も精製過程でとり除
かれていて安心です。

水

水道水でかまいませ
ん。浄水器を通したも
のだとより安心です。

薄力粉

この本では、国産の薄
力粉を使用しています。

基本の材料＋食材で

食感やフレーバーのアレンジは自由自在。どんな食材とも相性がいい

ココアパウダー

ココナッツファイン

ストロベリーパウダー

カレー粉

はちみつ

冷凍ミックスベリー

ミックスナッツ

ドライフルーツ

かぼちゃ

レモンピール
※レモンの皮を砂糖漬けにしたもの。

抹茶

ごま

乾燥よもぎ

きな粉

ゆであずき

基本の道具

道具

ハンドミキサー

羽が大きく、回転数が低速から高速へと切りかえられるものを選びます。また、回転数の多いもののほうが効率よく卵白に空気を入れてくれるので、ケーキもよく膨らみます。

柄つきの目の細かいざる

粉をふるい入れるときに使います。製菓用か目の細かいものを。

深いボウル

口が広く浅いボウルはハンドミキサーを使うと中身が飛び散ることがあるので、深さのあるボウルだと安心。シフォンケーキは卵4個を泡立てるので、口径は24cmほどのものがおすすめです。

計量カップ

水など液体を計るときに使用。

耐熱ゴムべら

粉を混ぜたり、生地をシフォン型に流し入れるときに使います。継ぎ目のない一体型のものが清潔。耐熱のものだとカスタードクリームなどを作るのにも適しています。

キッチンスケール

材料を計ります。デジタル表示のものがおすすめ。製菓用であれば、1g刻みで1〜2kgまで計れる機能があれば充分です。

ペティナイフ

シフォンケーキを型から外す際によく切れるナイフを使うと、側面と底がきれいに外せます。

シフォンナイフ

中央の棒を外すときは、細いシフォンケーキ専用ナイフを使用しています。

シフォン型

アルミ製のものを使います。継ぎ目のないものを使用すると洗うのがとても楽です。
シフォンは型に張りついて膨らむので油はぬらずに使用します。フッ素樹脂加工のものは型から外すときに加工をはがしてしまうため、向きません。

紙シフォン型

アルミの型からきれいに外すのは何回か練習が必要です。人にプレゼントするときなどは、紙の型を使うと便利です。中の帯がついているものは形が変形しにくくおすすめ。ふたつきのものもあります。

セルクル

シフォン型の中心に入れて2色のシフォンケーキを焼き上げるときに使用します。星形や円形など好みのものを。最近は100円ショップでも手軽に入手できます。

バニラシフォン

プレーンな生地にバニラの香りを
つけたシンプルなシフォンケーキで
す。そのまま食べて、ノンオイルシ
フォンのよさを味わってください。

ノンオイルシフォンケーキの基本の作り方

ノンオイルシフォンケーキは油の代わりに水を使うため、普通のシフォンケーキよりも失敗が少なく、簡単です。 p.16から
ご紹介するさまざまなレシピは、基本の作り方を応用しています。 まずはバニラシフォンから作ってみましょう。

材料（直径17cmのシフォン型1台分）

卵（Mサイズ）… 4個（240g）

砂糖（卵白用）… 35g

砂糖（卵黄用）… 35g

薄力粉 … 80g

水 … 60mℓ

バニラビーンズペースト* … 5g

＊ バニラオイルの場合は、5滴使用。

準備

＊ オーブンは160℃に予熱する。

＊ 卵は卵白と卵黄に分け、それぞれを
　 大きめのボウルに入れる。

A. 水
水道水でよいが、で
きれば浄水器を通
して。

**B. バニラビーンズ
　　ペースト**
バニラオイルでもOK。
その場合は5滴加える。

C. 砂糖
上白糖を使用。グラ
ニュー糖でなくても
きめ細かく焼き上が
る。

D. 粉
基本は国産薄力粉を
使用。強力粉、米粉、も
ち粉を使ったシフォン
はp.48〜57に掲載。

E. 卵
殻つきで1個約60g、4個で235〜245gを目
安に。卵の力だけで膨らませるので、卵の量（重
さ）が重要。少ないと膨らみが足りず、多すぎる
とシフォンに空洞ができやすくなる。

作り方

1 卵白に砂糖を入れ、ハンドミキサー（高速）で角が立つまで泡立てる。

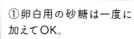

①卵白用の砂糖は一度に加えてOK。

②ハンドミキサーは高速で。ときどきボウル全体に円を描くように動かしながら撹拌すると、全体を均一に泡立てることができる。

③ピンと角が立つまで泡立てる。

2 卵黄に砂糖を入れ、ハンドミキサー（低速）で白っぽくなるまで混ぜる。

④卵黄用の砂糖を加える。ハンドミキサーは卵白を泡立てたものを洗わずに使ってOK。

⑤全体に均一に混ざり、色が白っぽくなればよい。

3 2に水（水分）とバニラを加え、ハンドミキサー（低速）で混ぜる。

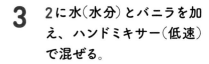

⑥水（水分）を加える。
※ブランデーなどほかの水分になる場合もある。

⑦バニラを加える。
※フレーバー類は、おもにこのタイミングで加える。

4 3に薄力粉をふるい入れる。ハンドミキサー（低速）で混ぜ、ゴムべらで均一になるまで混ぜる。

5 1のメレンゲの半量を、4に加えて混ぜる。

6 5をメレンゲのボウルに入れ、泡をつぶさないように混ぜる。

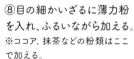

⑪ゴムべらで底から返しながら、混ぜ合わせる。だいたい均一になればOK。まだらな部分があっても気にしない。

⑧目の細かいざるに薄力粉を入れ、ふるいながら加える。
※ココア、抹茶などの粉類はここで加える。

⑨ハンドミキサー（低速）で混ぜ合わせる。

⑩ボウルの縁についた粉は、ゴムべらですくい落とし、よく混ぜ合わせる。

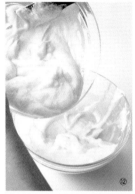

⑫残ったメレンゲに、5の混ぜたものを加える。
※上下を逆さまにメレンゲのボウルに加えることで、均一に混ぜることができる。

⑬全体が均一になればOK。混ぜすぎないこと。

7 シフォン型に流し入れる。

⑭生地は1カ所に流し入れれば、生地の重さで自然に型全体に広がる。

⑮生地の片寄りを直す場合は、型を軽く揺する程度で。型をトントンと打ちつけるのは、泡の空気が抜けるのでNG。

8 160℃のオーブンで40分焼く。途中7分たったら、4カ所切り込みを入れる。

⑯包丁で、生地の表面に浅く切り込みを入れると膨らみが片寄らず、きれいに焼ける。
※途中上が焦げるようならアルミホイルで覆い、時間までしっかり焼く。

9 焼き上がり。とり出し、逆さまにして冷ます。

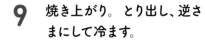

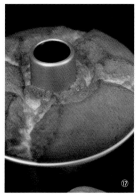

⑰焼き上がりの目安は、型中央の円柱に茶色く張りつくまで。竹串を刺して、確認してみるのもよい。

⑱金型の場合は、逆さまにして冷ます。紙型の場合は、円柱部分の支えがないため、逆さまにして中央の穴をびんにさし、冷めるまでおく。

10 冷めたら、型から外す。

⑲小型ナイフを、型と生地の間に差し込み、型に沿わせて切り離す。ナイフの刃が常に型に当たっているのを感じながら注意深く切り進めるときれいにできる。

⑳底板をぐっと上に押し、型から生地を押し出す。

㉑中央の円柱部分と生地の間にシフォンナイフを差し込み、型に沿って切り進める。

㉒底板と生地の間に、小型ナイフを差し込み、型に沿って切り進め、底板を切り離す。このときもナイフの刃が常に型に当たっていることを感じながら作業する。

㉓型からシフォンを外した状態。

フレーバーを変える

香りの材料、具材を加えると、さまざまな表情をみせてくれます。

ドライフルーツは大きいと沈んでしまうので、小さく刻んでブランデーをかけて使用します。

ブランデーシフォン

材料（直径17cmのシフォン型1台分）

卵（Mサイズ）… 4個（240g）

砂糖（卵白用）… 35g

砂糖（卵黄用）… 35g

薄力粉 … 80g

ブランデー … 60㎖

バニラオイル … 5滴

ドライフルーツ（レーズン・オレンジピール・クランベリーなど）… 70g

準備

＊ オーブンは160℃に予熱する。

＊ 卵は卵白と卵黄に分け、それぞれを大きめのボウルに入れる。

＊ ドライフルーツは包丁で細かく刻み、ブランデー大さじ1（分量外）をかけて15分おく。

作り方

1 卵白に砂糖を入れ、ハンドミキサー（高速）で泡立て、角が立つメレンゲを作る。

2 卵黄に砂糖を入れ、ハンドミキサー（低速）で白っぽくなるまで混ぜる。

3 2にブランデーとバニラオイルを加え、ハンドミキサー（低速）で混ぜる。

4 3に薄力粉をふるい入れ、ハンドミキサー（低速）で混ぜ、ゴムべらで均一になるまで混ぜる。

5 1のメレンゲの半量を、4に加えて混ぜる。

6 5をメレンゲのボウルに入れ、刻んだドライフルーツを加える。泡をつぶさないように混ぜる。

7 シフォン型に流し入れる。

8 160℃のオーブンで40分焼く。途中7分たったら、4カ所切り込みを入れる。

9 焼き上がったら逆さまにして冷ます。

10 冷めたら、型から外す。

ドライフルーツは3mm角に刻み、ブランデーをかけて風味をしみ込ませる。

基本のシフォンでは水を加えるところ、ここではブランデーを加える。

ナッツ入り
メイプルシフォン

メイプルシュガーで、メイプルの独特の
甘い香りをつけます。ナッツが沈まない
ように、必ず細かく刻んで加えて。

材料（直径17cmのシフォン型1台分）

卵（Mサイズ）… 4個（240ｇ）

メイプルシュガー（卵白用）… 35ｇ

メイプルシュガー（卵黄用）… 35ｇ

薄力粉 … 80ｇ

水 … 60㎖

ミックスナッツ … 35ｇ

準備

＊ミックスナッツが生の場合は、天板に広げ、170℃のオーブンで10分から焼きする。粗熱をとり、細かく刻む。

＊オーブンは160℃に予熱する。

＊卵は卵白と卵黄に分け、それぞれを大きめのボウルに入れる。

作り方

1 卵白にメイプルシュガーを入れ、ハンドミキサー（高速）で泡立て、角が立つメレンゲを作る。

2 卵黄にメイプルシュガーを入れ、ハンドミキサー（低速）で白っぽくなるまで混ぜる。

3 2に水を加え、ハンドミキサー（低速）で混ぜる。

4 3に薄力粉をふるい入れ、ハンドミキサー（低速）で混ぜ、ゴムべらで均一になるまで混ぜる。

5 1のメレンゲの半量を、4に加えて混ぜる。

6 5をメレンゲのボウルに入れ、刻んだミックスナッツを加える。泡をつぶさないように混ぜる。

7 シフォン型に流し入れる。

8 160℃のオーブンで40分焼く。途中7分たったら、4カ所切り込みを入れる。

9 焼き上がったら逆さまにして冷ます。

10 冷めたら、型から外す。

1人分1/8切れ

オイルを使ったレシピ　　ノンオイルレシピ

210 kcal　→　**140** kcal

具材は生地作りの最後、作り方6のメレンゲに混ぜるときに加える。

材料（直径17cmのシフォン型1台分）

卵（Mサイズ）… 4個（240g）

砂糖（卵白用）… 35g

カルピス … 70g

レモン汁 … 大さじ1

レモンの皮のすりおろし … 適量

薄力粉 … 80g

準備

＊ オーブンは160℃に予熱する。

＊ 卵は卵白と卵黄に分け、それぞれ
を大きめのボウルに入れる。

作り方

1 卵白に砂糖を入れ、ハンドミキサー（高速）で泡立て、角が立つメレンゲを作る。

2 卵黄にカルピス、レモン汁と皮を入れ、ハンドミキサー（低速）で白っぽくなるまで混ぜる。

3 2に薄力粉をふるい入れ、ハンドミキサー（低速）で混ぜ、ゴムべらで均一になるまで混ぜる。

4 1のメレンゲの半量を、3に加えて混ぜる。

5 4をメレンゲのボウルに入れ、泡をつぶさないように混ぜる。

6 シフォン型に流し入れる。

7 160℃のオーブンで40分焼く。途中7分たったら、4カ所切り込みを入れる。

8 焼き上がったら逆さまにして冷ます。

9 冷めたら、型から外す。

カルピスシフォン

カルピスを使って、フレーバーをつけます。甘みがあるので、卵黄に砂糖は加えません。

砂糖の代わりに、カルピスを卵黄に加える。

1人分1/8切れ

オイルを使ったレシピ　　ノンオイルレシピ

160 kcal → **124** kcal

抹茶と栗のシフォン

材料（直径17cmのシフォン型1台分）

卵（Mサイズ）… 4個（240g）

砂糖（卵白用）… 35g

砂糖（卵黄用）… 35g

薄力粉 … 80g

抹茶 … 10g

水 … 60㎖

栗の甘露煮（びん詰め）… 50g

◎ヨーグルトクリーム

　プレーンヨーグルト … 400g

　砂糖 … 60g

　バニラオイル … 5滴

ゆであずき … 160g

抹茶はだまになりやすいので、
準備段階で薄力粉と合わせて
ふるい、生地に加える際もふる
いながら入れてください。

準備

* ヨーグルトはキッチンペーパーを敷いたざるに入れて包み、冷蔵庫に半日おく。キッチンペーパーをとり換えて重しをし、さらに冷蔵庫に半日おき、水きりをする。

* オーブンは160℃に予熱する。

* 卵は卵白と卵黄に分け、それぞれを大きめのボウルに入れる。

* 薄力粉と抹茶は合わせて目の細かいざるでふるう。

* 栗の甘露煮は細かく刻む。

薄力粉と抹茶は合わせてあらかじめ一度ふるっておき、再度ふるいながら生地に加える。

刻んだ栗は、生地作りの最後、メレンゲを混ぜるときに加える。

作り方

1 卵白に砂糖を入れ、ハンドミキサー（高速）で泡立て、角が立つメレンゲを作る。

2 卵黄に砂糖を入れ、ハンドミキサー（低速）で白っぽくなるまで混ぜる。

3 2に水を加え、ハンドミキサー（低速）で混ぜる。

4 3に粉類（薄力粉と抹茶）をふるい入れ、ハンドミキサー（低速）で混ぜ、ゴムべらで均一になるまで混ぜる。

5 1のメレンゲの半量を、4に加えて混ぜる。

6 5をメレンゲのボウルに入れ、刻んだ栗を加える。泡をつぶさないように混ぜる。

7 シフォン型に流し入れる。

8 160℃のオーブンで40分焼く。

途中7分たったら、4カ所切り込みを入れる。

9 焼き上がったら逆さまにして冷ます。

10 クリームを作る。水きりしたヨーグルトに砂糖、バニラオイルを混ぜる。

11 シフォンケーキが冷めたら、型から外し、8等分に切り分ける。器に盛り、**10**のクリームをかけ、ゆであずき、好みで栗の甘露煮（分量外）を添える。

シフォン1個に紅茶のティーバッグ2個を使います。1個は紅茶液を濃く出し、1個は茶葉を生地に入れます。

紅茶とレモンピールのシフォン

1人分1/8切れ　**195** kcal → **125** kcal

材料（直径17cmのシフォン型1台分）

卵（Mサイズ）… 4個（240g）

砂糖（卵白用）… 35g

砂糖（卵黄用）… 35g

薄力粉 … 80g

熱湯 … 70㎖

紅茶（アールグレイ）のティーバッグ … 2個

レモンピール … 20g

準備

＊ オーブンは160℃に予熱する。

＊ 卵は卵白と卵黄に分け、それぞれを大きめのボウルに入れる。

＊ 熱湯にティーバッグ1個を入れて濃いめに抽出し、紅茶液を60㎖用意する。

＊ 残りのティーバッグ1個は、袋から中身の茶葉をとり出す。

＊ レモンピールは細かく刻む。

作り方

1　卵白に砂糖を入れ、ハンドミキサー（高速）で泡立て、角が立つメレンゲを作る。

2　卵黄に砂糖を入れ、ハンドミキサー（低速）で白っぽくなるまで混ぜる。

3　2に紅茶液、ティーバッグの茶葉を加え、ハンドミキサー（低速）で混ぜる。

4　3に薄力粉をふるい入れ、ハンドミキサー（低速）で混ぜ、ゴムべらで均一になるまで混ぜる。

5　1のメレンゲの半量を、4に加えて混ぜる。

6　5をメレンゲのボウルに入れ、刻んだレモンピールを加える。泡をつぶさないように混ぜる。

7　シフォン型に流し入れる。

8　160℃のオーブンで40分焼く。途中7分たったら、4カ所切り込みを入れる。

9　焼き上がったら逆さまにして冷ます。

10冷めたら、型から外す。

紅茶液は水の代わりに入れる。同時にティーバッグから出した茶葉も加えて。

刻んだレモンピールは生地作りの最後、メレンゲと合わせるときに加える。

三色シフォン

抹茶・ラズベリー・バニラの生地で3色に分かれたシフォンケーキ。粉を混ぜた生地1/3、メレンゲ1/3、フレーバー材料1色分を合わせ、順に型に入れれば、難しくありません。

材料（直径17cmのシフォン型1台分）

卵（Mサイズ）… 4個（240g）

砂糖（卵白用）… 35g

砂糖（卵黄用）… 35g

薄力粉 … 80g

水 … 60mℓ

バニラオイル … 3滴

A ラズベリー（生または冷凍）… 25g

　　 レモン汁 … 3滴

抹茶 … 小さじ1

準備

＊ オーブンは160℃に予熱する。
＊ 卵は卵白と卵黄に分け、それぞれを大きめのボウルに入れる。
＊ 抹茶は目の細かいざるで2回ふるっておく。

作り方

1 卵白に砂糖を入れ、ハンドミキサー（高速）で泡立て、角が立つメレンゲを作る。

2 卵黄に砂糖を入れ、ハンドミキサー（低速）で白っぽくなるまで混ぜる。

3 2に水を加え、ハンドミキサー（低速）で混ぜる。

4 3に薄力粉をふるい入れ、ハンドミキサー（低速）で混ぜ、ゴムべらで均一になるまで混ぜる。

5 小さめのボウルに4の生地80g、バニラオイル、1のメレンゲ1/3量を順に入れて混ぜ、シフォン型に入れる。

6 小さめのボウルに4の生地80g、**A**、残りのメレンゲの半量を順に入れて混ぜ、5の上に入れる。

7 小さめのボウルに残りの生地、抹茶、残りのメレンゲを順に入れて混ぜ、6の上に入れる。

8 160℃のオーブンで40分焼く。途中7分たったら、4カ所切り込みを入れる。

9 焼き上がったら逆さまにして冷ます。

10 冷めたら、型から外す。

バニラ生地は、生地80gにバニラオイル、メレンゲ1/3量を順に混ぜて作り、型に流し入れる。

ラズベリー生地は、生地80gにラズベリー、レモン汁を混ぜ、残ったメレンゲの半量を混ぜて2層目にする。

抹茶生地は、残りの生地に抹茶を混ぜてから、残ったメレンゲを混ぜて作り、3層目にする。

ココアはメレンゲの泡を消しやすいので、手早く混ぜて型に流し、すぐにオーブンに入れるのがコツ。

ビターチョコ
シフォン

材料（直径17cmのシフォン型1台分）

卵（Mサイズ）… 4個（240g）

砂糖（卵白用）… 35g

砂糖（卵黄用）… 35g

薄力粉 … 35g

ココアパウダー … 25g

水 … 60ml

◎ チョコクリーム

　粉糖 … 60g

　ココアパウダー … 22g

　牛乳 … 大さじ4

◎ ホワイトクリーム

　粉糖 … 大さじ3

　牛乳 … 小さじ1

アラザンとフリーズドライフランボワーズ
　　… 各適量

準備

＊ オーブンは160℃に予熱する。
＊ 卵は卵白と卵黄に分け、それぞれを大きめのボウルに入れる。

作り方

1 卵白に砂糖を入れ、ハンドミキサー（高速）で泡立て、角が立つメレンゲを作る。

2 卵黄に砂糖を入れ、ハンドミキサー（低速）で白っぽくなるまで混ぜる。

3 2に水を加え、ハンドミキサー（低速）で混ぜる。

4 3に、薄力粉とココアを合わせてふるい入れ、ハンドミキサー（低速）で混ぜ、ゴムべらで均一になるまで混ぜる。

5 1のメレンゲの半量を、4に加えて混ぜる。

6 5をメレンゲのボウルに入れ、泡をつぶさないように混ぜる。

7 シフォン型に流し入れる。

8 160℃のオーブンで40分焼く。途中7分たったら、4カ所切り込みを入れる。

9 焼き上がったら逆さまにして冷ます。

10 小さめのボウルに、チョコクリームの材料を合わせ、ゴムべらで混ぜる。かたい場合は、牛乳を少し加えてぬりやすいかたさに調整する。

11 別の小さめのボウルに、ホワイトクリームの材料を合わせ、ゴムべらでよく混ぜる。

12 シフォンケーキが冷めたら、型から外し、チョコクリームをぬり、ホワイトクリームを飾る。アラザンとフランボワーズを散らす。

オイルを使ったレシピ　　ノンオイルレシピ

1人分1/8切れ　　**225** kcal　→　**156** kcal

薄力粉を加えるときに、ココアもいっしょにふるいながら生地に入れる。

チョコクリームは、粉糖、ココア、牛乳を混ぜるだけ。

フルーツのシフォンケーキ

フルーツを混ぜ込んだケーキ。季節のものを選んで楽しんで。

きれいなピンク色をしたいちごの香りの
シフォンケーキ。ピュレ状のいちごなどは
卵黄に砂糖を入れたあとに混ぜ込みます。

ストロベリーシフォン

1人分1/8切れ **166** kcal → **133** kcal

材料（直径17cmのシフォン型1台分）

卵（Mサイズ）… 4個（240g）

砂糖（卵白用）… 35g

砂糖（卵黄用）… 35g

薄力粉 … 80g

いちご … 100g

レモン汁 … 小さじ1

A｜ストロベリーパウダー … 大さじ2
　｜水 … 小さじ1

準備

＊ オーブンは160℃に予熱する。

＊ 卵は卵白と卵黄に分け、それぞれを大きめのボウルに入れる。

＊ いちごはフードプロセッサーでピュレ状にする（冷凍いちごの場合は、解凍してハンドミキサーで卵といっしょに混ぜればOK）。

＊ Aは混ぜる。

作り方

1 卵白に砂糖を入れ、ハンドミキサー（高速）で泡立て、角が立つメレンゲを作る。

2 卵黄に砂糖を入れ、ハンドミキサー（低速）で白っぽくなるまで混ぜる。いちごのピュレ、レモン汁、Aも加えてさらに混ぜる。

3 2に薄力粉をふるい入れ、ハンドミキサー（低速）で混ぜ、ゴムべらで均一になるまで混ぜる。

4 1のメレンゲの半量を、3に加えて混ぜる。

5 4をメレンゲのボウルに入れ、泡をつぶさないように混ぜる。

6 シフォン型に流し入れる。

7 160℃のオーブンで40分焼く。途中7分たったら、4カ所切り込みを入れる。

8 焼き上がったら逆さまにして冷ます。

9 冷めたら、型から外す。

ストロベリーパウダー。きれいなピンク色を出すのに使用。一度水によく溶いてから用いる。

バナナは完熟したものを使い、ハンドミキサーの低速でピュレ状になるまで混ぜてください。

バナナシフォン

材料（直径17cmのシフォン型1台分）

卵（Mサイズ）… 4個（240g）

砂糖（卵白用）… 35g

砂糖（卵黄用）… 35g

薄力粉 … 80g

バナナ … 1本（皮をむいて80g）

水 … 40mℓ

準備

＊ オーブンは160℃に予熱する。

＊ 卵は卵白と卵黄に分け、それぞれを大きめのボウルに入れる。

＊ バナナは皮をむく。

作り方

1 卵白に砂糖を入れ、ハンドミキサー（高速）で泡立て、角が立つメレンゲを作る。

2 卵黄に砂糖を入れ、ハンドミキサー（低速）で白っぽくなるまで混ぜる。

3 2に一口大にちぎったバナナ、水を加え、ハンドミキサー（低速）でなめらかになるまでよく混ぜる。

4 3に薄力粉をふるい入れ、ハンドミキサー（低速）で混ぜ、ゴムべらで均一になるまで混ぜる。

5 1のメレンゲの半量を、4に加えて混ぜる。

6 5をメレンゲのボウルに入れ、泡をつぶさないように混ぜる。

7 シフォン型（ここでは紙型）に流し入れる。

8 160℃のオーブンで40分焼く。途中7分たったら、4カ所切り込みを入れる。

9 焼き上がったら逆さまにして冷ます。

10 冷めたら、型から外す。

バナナはちぎって、作り方3で生地に直接加えてOK。

紙型で焼いた場合は、円柱部分の支えがないため、中央の穴をびんにさし、逆さまにして冷ます。

パイナップル
シフォン

パイナップルは細かく切ってオーブンで焼き、水分を飛ばして使用します。缶詰のパイナップルを使う場合、焼き時間は20分ほどで。

材料（直径17cmのシフォン型1台分）

卵（Mサイズ）… 4個（240g）
砂糖（卵白用）… 35g
砂糖（卵黄用）… 35g
薄力粉 … 80g
A｜水 … 30mℓ
　｜レモン汁 … 大さじ2
パイナップル … 200g

準備

＊パイナップルは粗みじんに切り、キッチンペーパーで余分な水分をふく。天板に並べ、160℃のオーブンで30分焼く。
＊オーブンは160℃に予熱する。
＊卵は卵白と卵黄に分け、それぞれを大きめのボウルに入れる。

作り方

1 卵白に砂糖を入れ、ハンドミキサー（高速）で泡立て、角が立つメレンゲを作る。
2 卵黄に砂糖を入れ、ハンドミキサー（低速）で白っぽくなるまで混ぜる。
3 2にAを加え、ハンドミキサー（低速）で混ぜる。
4 3に薄力粉をふるい入れ、ハンドミキサー（低速）で混ぜ、ゴムべらで均一になるまで混ぜる。
5 1のメレンゲの半量を、4に加えて混ぜる。
6 5をメレンゲのボウルに入れ、焼いたパイナップルを加える。泡をつぶさないように混ぜる。
7 シフォン型に流し入れる。
8 160℃のオーブンで40分焼く。途中7分たったら、4カ所切り込みを入れる。
9 焼き上がったら逆さまにして冷ます。
10 冷めたら、型から外す。

材料（直径17cmのシフォン型1台分）

卵（Mサイズ）… 4個（240g）

砂糖（卵白用）… 35g

砂糖（卵黄用）… 35g

薄力粉…80g

マンゴー（果肉のみ）… 90g

レモン汁 … 小さじ2

ドライマンゴー … 30g

準備

＊ オーブンは160℃に予熱する。

＊ 卵は卵白と卵黄に分け、それぞれ
を大きめのボウルに入れる。

＊ ドライマンゴーは調理ばさみで
細く切る。

作り方

1 卵白に砂糖を入れ、ハンドミ
キサー（高速）で泡立て、角が立
つメレンゲを作る。

2 卵黄に砂糖を入れ、ハンドミキ
サー（低速）で白っぽくなるまで混
ぜる。

3 2にマンゴー、レモン汁を加
え、ハンドミキサー（低速）でなめ
らかになるまでさらに混ぜる。

4 3に薄力粉をふるい入れ、ハ
ンドミキサー（低速）で混ぜ、ゴム
べらで均一になるまで混ぜる。

5 1のメレンゲの半量を、4に

加えて混ぜる。

6 5をメレンゲのボウルに入れ、
細く切ったドライマンゴーを加え
る。泡をつぶさないように混ぜる。

7 シフォン型に流し入れる。

8 160℃のオーブンで40分焼
く。途中7分たったら、4カ所切
り込みを入れる。

9 焼き上がったら逆さまにして冷
ます。

10 冷めたら、型から外す。

マンゴーシフォン

マンゴーは、フレッシュとドライの両
方を使います。フレッシュの代わり
に冷凍を使っても大丈夫。マシュマ
ロのお花を飾りました。

1人分1/8切れ

オイルを使ったレシピ　　　ノンオイルレシピ

170 kcal　→　**137** kcal

マロンシフォン

マロンペーストを使ったシフォンケーキです。マロンカスタードとモンブランクリームを作り、モンブラン風に仕上げました。

材料（直径17cmのシフォン型1台分）

卵（Mサイズ）… 4個（240g）

砂糖（卵白用）… 35g

砂糖（卵黄用）… 10g

薄力粉 … 80g

マロンペースト … 100g

A 水 … 60㎖
　ラム酒 … 20㎖

マロングラッセ … 50g

◎マロンカスタード
　卵黄 … 1個分
　砂糖 … 35g
　薄力粉 … 23g
　マロンペースト … 50g
　牛乳 … 220㎖
　バニラオイル … 3滴
　ラム酒 … 適量

◎モンブランクリーム
　マロンペースト … 160g
　牛乳 … 大さじ2
　ラム酒 … 大さじ1

準備

＊ オーブンは160℃に予熱する。

＊ 卵は卵白と卵黄に分け、それぞれを大きめのボウルに入れる。

＊ マロングラッセは細かく刻む。

作り方

1　卵白に砂糖を入れ、ハンドミキサー（高速）で泡立て、角が立つメレンゲを作る。

2　卵黄に砂糖を入れ、ハンドミキサー（低速）で白っぽくなるまで混ぜる。

3　2にマロンペースト、**A**を加え、ハンドミキサー（低速）でなめらかになるまで混ぜる。

4　3に薄力粉をふるい入れ、ハンドミキサー（低速）で混ぜ、ゴムべらで均一になるまで混ぜる。

5　1のメレンゲの半量を、4に加えて混ぜる。

6　5をメレンゲのボウルに入れ、刻んだマロングラッセを加える。泡をつぶさないように混ぜる。

7　シフォン型に流し入れる。

8　160℃のオーブンで40分焼く。途中7分たったら、4カ所切り込みを入れる。

9　焼き上がったら逆さまにして冷ます。

10　マロンカスタードを作る。ボウルに卵黄、砂糖、薄力粉、マロンペーストを入れ、牛乳を分量のうち20mℓ加えて泡立て器ですり混ぜ、残りの牛乳を足して混ぜる。鍋に移して中火にかけ、ゴムべらで混ぜながら沸騰するまで加熱する。火を止め、バニラオイル、ラム酒を加えて混ぜる。バットに移し、クリームにラップを張りつけて冷ます。

11　モンブランクリームを作る。ボウルに材料を入れ、なめらかになるまで混ぜる。

12　シフォンケーキが冷めたら型から外し、8等分する。器に盛り、中央に切り込みを入れ、星口金でマロンカスタードをしぼってはさむ。上にモンブラン口金でモンブランクリームをしぼり、栗の甘露煮（分量外）を飾る。

※マロンペーストは栗の裏ごしに砂糖が入ったもの。マロンピュレやモンブランクリームなど間違えやすい材料があるので、購入時に注意。マロングラッセは割れたものを製菓材料店で安く購入できる。

作り方3・マロンペーストはハンドミキサーの羽でほぐすようにゆっくり混ぜる。

作り方10・カスタードは沸騰するまで加熱する。

オレンジシフォン

オレンジは皮も使うので、できれば国産
のものを。清見オレンジやネーブルのほ
か、ゆずやかぼすもおすすめです。

材料（直径17cmのシフォン型1台分）

卵（Mサイズ）… 4個（240g）

砂糖（卵白用）… 35g

砂糖（卵黄用）… 35g

薄力粉 … 80g

オレンジ … 1個

◎オレンジピールのグラッセ

　　オレンジの皮 … 1/2個分

　　水 … 50mℓ

　　砂糖 … 大さじ1

準備

* オーブンは160℃に予熱する。
* 卵は卵白と卵黄に分け、それぞれを大きめのボウルに入れる。
* オレンジは半分に切り、汁をしぼる。実もスプーンでとり出し65gにする。足りなければ水を足す。
* オレンジピールのグラッセを作る。オレンジの皮は細かく切り、水と砂糖で水気がなくなるまで煮る。冷ましてキッチンペーパーで包み、余分な水分をとる。

作り方

1　卵白に砂糖を入れ、ハンドミキサー（高速）で泡立て、角が立つメレンゲを作る。

2　卵黄に砂糖を入れ、ハンドミキサー（低速）で白っぽくなるまで混ぜる。

3　2にオレンジのしぼり汁を加え、ハンドミキサー（低速）でさらに混ぜる。

4　3に薄力粉をふるい入れ、ハンドミキサー（低速）で混ぜ、ゴムべらで均一になるまで混ぜる。

5　1のメレンゲの半量を、4に加えて混ぜる。

6　5をメレンゲのボウルに入れ、オレンジピールのグラッセを加える。泡をつぶさないように混ぜる。

7　シフォン型に流し入れる。

8　160℃のオーブンで40分焼く。

途中7分たったら、4カ所切り込みを入れる。

9　焼き上がったら逆さまにして冷ます。

10　冷めたら、型から外す。

オレンジは汁、皮に残った果肉も入れる。足りなければ水を足して65gにする。

オレンジピールのグラッセ。刻んだオレンジの皮を砂糖、水で水気がなくなるまで煮る。

野菜を混ぜ込んで

ほうれん草やかぼちゃなど野菜の自然な色と風味を生かして。

ほうれん草は包丁で刻んだあとすり鉢ですり、ピュレにします。サラダほうれん草などアクの少ないものがおすすめ。

ほうれん草のシフォン

材料（直径17cmのシフォン型1台分）

卵（Mサイズ）… 4個（240g）

砂糖（卵白用）… 35g

砂糖（卵黄用）… 35g

薄力粉 … 80g

サラダほうれん草 … 50g

水 … 40㎖

バニラオイル … 5滴

準備

＊ オーブンは160℃に予熱する。

＊ 卵は卵白と卵黄に分け、それぞれを大きめのボウルに入れる。

＊ ほうれん草は細かく刻み、すり鉢に入れて水を加え、よくすってピュレにする。

作り方

1 卵白に砂糖を入れ、ハンドミキサー（高速）で泡立て、角が立つメレンゲを作る。

2 卵黄に砂糖を入れ、ハンドミキサー（低速）で白っぽくなるまで混ぜる。

3 2にほうれん草のピュレ、バニラオイルを加え、ハンドミキサー（低速）でさらに混ぜる。

4 3に薄力粉をふるい入れ、ハンドミキサー（低速）で混ぜ、ゴムべらで均一になるまで混ぜる。

5 1のメレンゲの半量を、4に加えて混ぜる。

6 5をメレンゲのボウルに入れ、泡をつぶさないように混ぜる。

7 シフォン型に流し入れる。

8 160℃のオーブンで40分焼く。途中7分たったら、4カ所切り込みを入れる。

9 焼き上がったら逆さまにして冷ます。

10 冷めたら、型から外す。

ほうれん草は、フードプロセッサーを使うより、すりつぶして細かくしたほうが、色あざやかに焼き上がる。

ほうれん草のピュレは、卵黄のボウルに加える。

とうもろこしの
シフォン

材料（直径17cmのシフォン型1台分）

卵（Mサイズ）… 4個（240g）

砂糖（卵白用）… 35g

砂糖（卵黄用）… 35g

水 … 60㎖

コーンフラワー … 80g

ホールコーン（缶詰）… 50g

準備

* ホールコーンは天板に広げ、180℃のオーブンで10分から焼きし、冷ます。
* オーブンは160℃に予熱する。
* 卵は卵白と卵黄に分け、それぞれを大きめのボウルに入れる。

作り方

1 卵白に砂糖を入れ、ハンドミキサー（高速）で泡立て、角が立つメレンゲを作る。

2 卵黄に砂糖を入れ、ハンドミキサー（低速）で白っぽくなるまで混ぜる。

3 2に水を加え、ハンドミキサー（低速）で混ぜる。

4 3にコーンフラワーをふるい入れ、ハンドミキサー（低速）で混ぜ、ゴムべらで均一になるまで混ぜる。

5 1のメレンゲの半量を、4に加えて混ぜる。

6 5をメレンゲのボウルに入れ、ホールコーンを加える。泡をつぶさないように混ぜる。

7 シフォン型に流し入れる。

8 160℃のオーブンで40分焼く。途中7分たったら、4カ所切り込みを入れる。

9 焼き上がったら逆さまにして冷ます。

10 冷めたら、型から外す。

1人分1/8切れ

オイルを使ったレシピ　ノンオイルレシピ

202 kcal → **121** kcal

とうもろこしを細かくひいたコーンフラワーを使用し、粒コーンも加えました。ふわふわの食感と、とうもろこしのやさしい香りが特徴です。

材料（直径17cmのシフォン型1台分）

卵（Mサイズ）… 4個（240g）

砂糖（卵白用）… 35g

砂糖（卵黄用）… 35g

薄力粉 … 80g

シナモンパウダー … 適量

かぼちゃ（冷凍または生）
　… 90g（皮をむいた正味）

水 … 70㎖

準備

＊かぼちゃは一口大に切る。ボウルに入れ、ラップをして、電子レンジ（700W）で3分ほど加熱する。

＊オーブンは160℃に予熱する。

＊卵は卵白と卵黄に分け、それぞれを大きめのボウルに入れる。

かぼちゃの
シフォン

作り方

1　卵白に砂糖を入れ、ハンドミキサー（高速）で泡立て、角が立つメレンゲを作る。

2　卵黄に砂糖を入れ、ハンドミキサー（低速）で白っぽくなるまで混ぜる。

3　2にかぼちゃ、水を加え、ハンドミキサー（低速）でさらに混ぜる。

4　3に薄力粉、シナモンパウダーを合わせてふるい入れ、ハンドミキサー（低速）で混ぜ、ゴムベらで均一になるまで混ぜる。

5　1のメレンゲの半量を、4に加えて混ぜる。

6　5をメレンゲのボウルに入れ、泡をつぶさないように混ぜる。

7　シフォン型に流し入れる。

8　160℃のオーブンで40分焼く。途中7分たったら、4カ所切り込みを入れる。

9　焼き上がったら逆さまにして冷ます。

10　冷めたら、型から外す。

かぼちゃは濃い色でホクホクしたものを使用するとおいしくできます。冷凍の場合はレンジで5分ほど加熱して使用してください。

1人分1/8切れ

オイルを使ったレシピ　　ノンオイルレシピ

202 kcal　→　**127** kcal

41

スイートポテトシフォン

さつまいもは皮を厚めにむき、やわらかくゆでて加えます。仕上げにスイートポテトカスタードをぬりましたが、そのままでもOKです。

材料（直径17cmのシフォン型1台分）

卵（Mサイズ）… 4個（240g）

砂糖（卵白用）… 35g

砂糖（卵黄用）… 35g

薄力粉…80g

さつまいも（皮をむいてゆでたもの）
　　… 90g

水… 60mℓ

黒ごま… 10g

バニラオイル… 5滴

◎スイートポテトカスタード

　卵黄… 1個分

　砂糖… 35g

　薄力粉… 13g

　さつまいもピュレ（皮をむいてゆで、裏ごししたもの）… 50g

　牛乳… 150mℓ

　バニラオイル… 適量

└ シナモンパウダー… 適量

1人分1/8切れ　**265** kcal　→　**190** kcal

準備

* さつまいもは皮を厚めにむき、やわらかくなるまで水からゆで、ざるに上げる。ゆでた状態で140g必要。
* オーブンは160℃に予熱する。
* 卵は卵白と卵黄に分け、それぞれを大きめのボウルに入れる。

カスタードをぬるときは、側面から。パレットナイフがなければテーブル用ナイフを使って。

側面が終わったら、上面をぬる。神経質になりすぎないのがコツ。

作り方

1　卵白に砂糖を入れ、ハンドミキサー（高速）で泡立て、角が立つメレンゲを作る。

2　卵黄に砂糖を入れ、ハンドミキサー（低速）で白っぽくなるまで混ぜる。

3　2にゆでたさつまいも、水を加え、ハンドミキサー（低速）で混ぜる。

4　3に薄力粉をふるい入れ、バニラオイルも加え、ハンドミキサー（低速）で混ぜ、ゴムべらで均一になるまで混ぜる。

5　1のメレンゲの半量を、4に加えて混ぜる。

6　5をメレンゲのボウルに入れ、黒ごまを加える。泡をつぶさないように混ぜる。

7　シフォン型に流し入れる。

8　160℃のオーブンで40分焼く。

途中7分たったら、4カ所切り込みを入れる。

9　焼き上がったら逆さまにして冷ます。

10　スイートポテトカスタードを作る。ボウルに卵黄、砂糖、薄力粉、さつまいもピュレを入れ、牛乳を分量のうち20mℓ加えて混ぜる。残りの牛乳を加え、鍋に移す。中火にかけ、かき混ぜながら煮る。沸騰してとろみがついたら火を止め、バニラオイルとシナモンを加えて混ぜる。バットに移し、カスタードにラップを張りつけて冷ます。

11　9、10ともに冷めたら、シフォンにカスタードをぬる。

砂糖をひかえ塩を加えた、食事にも合うシフォンケーキです。生ハムやトマトなどをはさんで食べても。

黒こしょうとオリーブのシフォンサレ

186 kcal → **122** kcal

材料（直径17cmのシフォン型1台分）

卵（Mサイズ）… 4個（240g）

砂糖（卵白用）… 35g

砂糖（卵黄用）… 10g

A 薄力粉 … 80g

　　塩 … 4g

黒こしょう … 小さじ2

水 … 60mℓ

ブラックオリーブ … 25g

準備

＊ オーブンは160℃に予熱する。

＊ 卵は卵白と卵黄に分け、それぞれを
　大きめのボウルに入れる。

＊ ブラックオリーブは細かく刻む。

作り方

1 卵白に砂糖を入れ、ハンドミキサー（高速）で泡立て、角が立つメレンゲを作る。

2 卵黄に砂糖を入れ、ハンドミキサー（低速）で白っぽくなるまで混ぜる。

3 2に水を加え、ハンドミキサー（低速）で混ぜる。

4 3に黒こしょうを加え、Aをふるい入れる。ハンドミキサー（低速）で混ぜ、ゴムべらで均一になるまで混ぜる。

5 1のメレンゲの半量を、4に加えて混ぜる。

6 5をメレンゲのボウルに入れ、オリーブを加える。泡をつぶさないように混ぜる。

7 シフォン型に流し入れる。

8 160℃のオーブンで40分焼く。途中7分たったら、4カ所切り込みを入れる。

9 焼き上がったら逆さまにして冷ます。

10 冷めたら、型から外す。

黒こしょうは、卵黄液に水を混ぜたところに加える。

オリーブは細かく刻み、最後にメレンゲを混ぜるときに加える。

カレー粉はメレンゲの
泡を消しやすいのでし
っかり泡立て、手早く
混ぜ込むのがコツ。

玉ねぎとカレーのシフォンサレ

1人分1/8切れ　**182** kcal　→　**118** kcal

材料（直径17cmのシフォン型1台分）

卵（Mサイズ）… 4個（240g）

砂糖（卵白用）… 35g

砂糖（卵黄用）… 10g

A｜薄力粉 … 50g

　｜コーンフラワー … 25g

　｜カレー粉 … 小さじ2

　｜塩 … 4g

水 … 60mℓ

玉ねぎ … 50g

準備

＊ 玉ねぎはみじん切りにする。耐熱容器に入れ、ラップなしで、電子レンジ（700W）で3分加熱して冷ます。

＊ オーブンは160℃に予熱する。

＊ 卵は卵白と卵黄に分け、それぞれを大きめのボウルに入れる。

＊ Aは合わせて一度ふるう。

作り方

1 卵白に砂糖を入れ、ハンドミキサー（高速）で泡立て、角が立つメレンゲを作る。

2 卵黄に砂糖を入れ、ハンドミキサー（低速）で白っぽくなるまで混ぜる。

3 2に水を加え、ハンドミキサー（低速）で混ぜる。

4 3にAをふるい入れ、ハンドミキサー（低速）で混ぜ、ゴムべらで均一になるまで混ぜる。

5 1のメレンゲの半量を、4に加え、手早く混ぜる。

6 5をメレンゲのボウルに入れ、玉ねぎを加え、泡をつぶさないように手早く混ぜる。

7 シフォン型に流し入れる。

8 160℃のオーブンで40分焼く。途中7分たったら、4カ所切り込みを入れる。

9 焼き上がったら逆さまにして冷ます。

10 冷めたら、型から外す。

具材は沈まないよう、みじん切りに。玉ねぎは電子レンジで加熱しておく。

カレー粉はだまにならないよう、ざるで粉類といっしょにふるっておく。

粉を変える

薄力粉の代わりに強力粉、米粉、もち粉を使って。
もちもち、ふわふわ、と違った食感が味わえます。

強力粉を使用し、ふんわりでもこしのあるカステラ風の食感をシフォンで再現しました。

カステラシフォン

1人分1/8切れ　**158** kcal → **129** kcal

材料（直径17cmのシフォン型1台分）

卵（Mサイズ）… 4個（240g）

砂糖（卵白用）… 35g

砂糖（卵黄用）… 10g

はちみつ … 35g

強力粉 … 80g

A｜みりん … 大さじ1
　｜水 … 25mℓ

ざらめ … 大さじ1と1/2

準備

＊ オーブンは160℃に予熱する。

＊ 卵は卵白と卵黄に分け、それぞれを
　大きめのボウルに入れる。

作り方

1 卵白に砂糖を入れ、ハンドミキサー（高速）で泡立て、角が立つメレンゲを作る。

2 卵黄に砂糖、はちみつを入れ、ハンドミキサー（低速）で白っぽくなるまで混ぜる。

3 **2**に**A**を加え、ハンドミキサー（低速）で混ぜる。

4 **3**に強力粉をふるい入れ、ハンドミキサー（低速）で混ぜ、ゴムべらで均一になるまで混ぜる。

5 **1**のメレンゲの半量を、**4**に加えて混ぜる。

6 **5**をメレンゲのボウルに入れ、泡をつぶさないように混ぜる。

7 シフォン型に流し入れ、ざらめを散らす。

8 160℃のオーブンで40分焼く。途中7分たったら、4カ所切り込みを入れる。

9 焼き上がったら逆さまにして冷ます。

10 冷めたら、型から外す。

粉は強力粉を使用。グルテンが強いので、しっかりした歯ごたえのシフォンに。

型に生地を流し入れたら、ざらめを散らして。

米粉にゆであずきを加えました。米粉の
シフォンはしっとりふんわりした食感にな
ります。和風の食材がよく合います。

米粉とあずきのシフォン

1人分1/8切れ　**190** kcal　→　**140** kcal

材料（直径17cmのシフォン型1台分）

卵（Mサイズ）… 4個（240g）

砂糖（卵白用）… 35g

米粉 … 80g

ゆであずき（缶詰）… 150g

水 … 45mℓ

準備

＊ オーブンは160℃に予熱する。

＊ 卵は卵白と卵黄に分け、それぞれを
　 大きめのボウルに入れる。

作り方

1 卵白に砂糖を入れ、ハンドミキサー（高速）で泡立て、角が立つメレンゲを作る。

2 卵黄にゆであずき、水を入れ、ハンドミキサー（低速）で混ぜる。

3 2に米粉をふるい入れ、ハンドミキサー（低速）で混ぜ、ゴムべらで均一になるまで混ぜる。

4 1のメレンゲの半量を、3に加えて混ぜる。

5 4をメレンゲのボウルに入れ、泡をつぶさないように混ぜる。

6 シフォン型に流し入れる。

7 160℃のオーブンで40分焼く。途中7分たったら、4カ所切り込みを入れる。

8 焼き上がったら逆さまにして冷ます。

9 冷めたら、型から外す。

米粉は上新粉ではなく、必ず製菓用米粉を使用。

ゆであずきはメーカーによって水分量が異なるので注意。ここでは井村屋のものを使用。

和菓子に使われる素材でシフォンケーキを作りました。きな粉は泡を消しやすいので、膨らみは小さめになります。

米粉ときな粉のシフォン

1人分1/8切れ　**202** kcal　→　**138** kcal

材料（直径17cmのシフォン型1台分）

卵（Mサイズ）… 4個（240g）

砂糖（卵白用）… 35g

砂糖（卵黄用）… 35g

A｜米粉 … 45g

　｜きな粉 … 35g

水 … 60ml

ドライアプリコット … 50g

準備

＊ オーブンは160℃に予熱する。

＊ 卵は卵白と卵黄に分け、それぞれを大きめのボウルに入れる。

＊ Aは合わせて一度ふるう。

＊ ドライアプリコットは細かく刻む。かたい場合は水に10分ほどつけて、もどしてから刻む。

作り方

1 卵白に砂糖を入れ、ハンドミキサー（高速）で泡立て、角が立つメレンゲを作る。

2 卵黄に砂糖を入れ、ハンドミキサー（低速）で白っぽくなるまで混ぜる。

3 2に水を加え、ハンドミキサー（低速）で混ぜる。

4 3にAをふるい入れ、ハンドミキサー（低速）で混ぜ、ゴムべらで均一になるまで混ぜる。

5 1のメレンゲの半量を、4に加えて混ぜる。

6 5をメレンゲのボウルに入れ、アプリコットを加え、泡をつぶさないように混ぜる。

7 シフォン型に流し入れる。

8 160℃のオーブンで40分焼く。途中7分たったら、4カ所切り込みを入れる。

9 焼き上がったら逆さまにして冷ます。

10 冷めたら、型から外す。きな粉（分量外）を茶こしで振る。

きな粉は米粉といっしょにふるったものを加える。

草もちのようなシフォンケーキで
す。乾燥よもぎを水でもどしてよく
絞って使います。

もち粉のよもぎシフォン

材料（直径17cmのシフォン型1台分）

卵（Mサイズ）… 4個（240g）

砂糖（卵白用）… 35g

砂糖（卵黄用）… 35g

もち粉 … 85g

乾燥よもぎ … 10g

水 … 60mℓ

準備

＊ オーブンは160℃に予熱する。

＊ 卵は卵白と卵黄に分け、それぞれを
大きめのボウルに入れる。

＊ 乾燥よもぎはたっぷりの水に5分ほ
ど浸す。茶こしに入れ、ぎゅっと絞っ
て水気をきる。

作り方

1 卵白に砂糖を入れ、ハンドミキ
サー（高速）で泡立て、角が立つメ
レンゲを作る。

2 卵黄に砂糖を入れ、ハンドミキ
サー（低速）で白っぽくなるまで混
ぜる。

3 2に水、水気を絞ったよもぎを
加え、ハンドミキサー（低速）で混
ぜる。

4 3にもち粉をふるい入れ、ハン
ドミキサー（低速）で混ぜ、ゴムべ
らで均一になるまで混ぜる。

5 1のメレンゲの半量を、4に加
えて混ぜる。

6 5をメレンゲのボウルに入れ、
泡をつぶさないように混ぜる。

7 シフォン型に流し入れる。

8 160℃のオーブンで40分焼く。
途中7分たったら、4カ所切り込み
を入れる。

9 焼き上がったら逆さまにして冷
ます。

10 冷めたら、型から外す。

水でもどしたよ
もぎは、茶こし
に入れ、ゴムべ
らで強く押して
水気を絞る。

よもぎは、パサッ
とした状態にな
るまで、水気を
絞るのがコツ。

ドライフルーツミックスは細か
く刻んで沈まないようにします。
ココナッツはメレンゲの泡を消
しやすいので、最後に加えて
手早く混ぜてください。

もち粉とココナッツの
フルーツシフォン

材料（直径17cmのシフォン型1台分）

卵（Mサイズ）… 4個（240g）
砂糖（卵白用）… 35g
砂糖（卵黄用）… 35g
もち粉 … 80g
水 … 60mℓ
ココナッツファイン … 大さじ1と1/2
トロピカルドライフルーツミックス
　　… 50g

準備

＊ オーブンは160℃に予熱する。
＊ 卵は卵白と卵黄に分け、それぞれを
　大きめのボウルに入れる。
＊ ドライフルーツミックスは、はさみな
　どで細かく刻む。

作り方

1　卵白に砂糖を入れ、ハンドミキサー（高速）で泡立て、角が立つメレンゲを作る。
2　卵黄に砂糖を入れ、ハンドミキサー（低速）で白っぽくなるまで混ぜる。
3　2に水を加え、ハンドミキサー（低速）で混ぜる。
4　3にもち粉をふるい入れ、ハンドミキサー（低速）で混ぜ、ゴムべらで均一になるまで混ぜる。
5　1のメレンゲの半量を、4に加えて混ぜる。
6　5をメレンゲのボウルに入れ、ココナッツファイン、刻んだドライフルーツを加え、泡をつぶさないように混ぜる。
7　シフォン型に流し入れる。
8　160℃のオーブンで40分焼く。途中7分たったら、4カ所切り込みを入れる。
9　焼き上がったら逆さまにして冷ます。
10　冷めたら、型から外す。

もち粉は国産のものを使用。

トロピカルドライフルーツは細かく刻み、最後にメレンゲと合わせるところで加える。

模様を描く

マーブルや波模様にしたり、2色の生地に分けたり、絵を描いたり。見た目にもインパクトがあるシフォンケーキです。

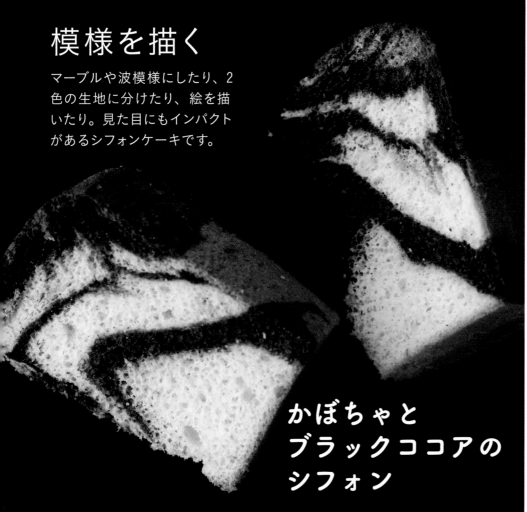

かぼちゃとブラックココアのシフォン

かぼちゃとブラックココアで生地を2種類作り、交互に型に入れ、マーブル模様に仕上げます。かぼちゃは色の濃いものを使用すると色がきれいにでます。

材料（直径17cmのシフォン型1台分）
卵（Mサイズ）… 4個（240g）
砂糖（卵白用）… 35g
砂糖（卵黄用）… 35g
薄力粉 … 80g
A｜かぼちゃ（皮を除いたもの）
　｜　… 60g
　｜水 … 20㎖
B｜ブラックココア … 4g
　｜水 … 10㎖
水 … 60㎖

1人分1/8切れ　**188** kcal → **124** kcal

準備

* 耐熱容器にかぼちゃを入れてラップをし、電子レンジ（700W）で2分加熱する。とり出してAの水を加え、混ぜて冷ます。
* オーブンは160℃に予熱する。
* 卵は卵白と卵黄に分け、それぞれを大きめのボウルに入れる。
* Bはよく混ぜる。

作り方

1　卵白に砂糖を入れ、ハンドミキサー（高速）で泡立て、角が立つメレンゲを作る。

2　卵黄に砂糖を入れ、ハンドミキサー（低速）で白っぽくなるまで混ぜる。

3　2に水を加え、ハンドミキサー（低速）で混ぜる。

4　3に薄力粉をふるい入れ、ハンドミキサー（低速）で混ぜ、ゴムべらで均一になるまで混ぜる。

5　4の2/3量を別のボウルにとってAを加え、ハンドミキサー（低速）で混ぜる。メレンゲの2/3量を加え、ゴムべらで混ぜる。

6　残りの4にBを混ぜ、ハンドミキサー（低速）で混ぜる。残りのメレンゲも加え、泡をつぶさないように混ぜる。

7　シフォン型に、5のかぼちゃ生地を半量入れ、6のブラックココア生地の半量を上に流し入れる。残りも同様に入れ、箸で筋を描いてマーブル模様にする。

8　160℃のオーブンで40分焼く。途中7分たったら、4カ所切り込みを入れる。

9　焼き上がったら逆さまにして冷ます。

10　冷めたら、型から外す。

卵黄の生地を2/3と1/3に分け、2/3量にかぼちゃ、1/3量にブラックココアを混ぜて、2種類の生地を作る。

かぼちゃ生地とブラックココア生地を半量ずつ、交互に型に流し入れる。

箸でぐるりと筋を描くと、マーブル模様になる。

波模様のシフォンケーキの
ことをゼブラシフォンという
ようです。ふたつの生地を
手早く積み上げて作ります。

キャラメル
ゼブラ
シフォン

材料（直径17cmのシフォン型1台分）

卵（Mサイズ）… 4個（240g）

砂糖（卵白用）… 35g

砂糖（卵黄用）… 35g

薄力粉 … 80g

バニラオイル … 5滴

◎カラメル
  ├ 砂糖 … 20g
  ├ 水 … 10㎖
  └ 湯 … 20㎖

水 … 60㎖

準備

* カラメルを作る。小鍋に砂糖、水を入れて弱火にかけて加熱する。濃い茶色（プリンのときより少し濃いめ）になったら火を止め、湯を注ぐ。
* オーブンは160℃に予熱する。
* 卵は卵白と卵黄に分け、それぞれを大きめのボウルに入れる。

作り方

1 卵白に砂糖を入れ、ハンドミキサー（高速）で泡立て、角が立つメレンゲを作る。

2 卵黄に砂糖を入れ、ハンドミキサー（低速）で白っぽくなるまで混ぜる。

3 2に水を加え、ハンドミキサー（低速）で混ぜる。

4 3に薄力粉をふるい入れ、バニラオイルを加え、ハンドミキサー（低速）で混ぜ、ゴムべらで均一になるまで混ぜる。

5 4の半量を別のボウルにとり、カラメルを混ぜる。メレンゲの半量を加えて混ぜる。

6 残りの4に、残りのメレンゲを加え、泡をつぶさないように混ぜる。

7 シフォン型に、円柱をはさんで2カ所、白い生地を大さじ1ずつ入れる。その上にカラメル生地を大さじ1ずつのせる。さらに、白い生地、カラメル生地と交互に繰り返してのせる。

8 160℃のオーブンで40分焼く。途中7分たったら、4カ所切り込みを入れる。

9 焼き上がったら逆さまにして冷ます。

10 冷めたら、型から外す。

バニラ生地大さじ1を型に入れたら、向かい側にも生地をおく。その上にカラメル生地大さじ1ずつのせる。

ふたつの生地を大さじ1ずつ、交互に積み重ねていく。生地の重さで型全体に広がっていく。

生地がなくなるまで続ける。写真は生地をのせ終えた状態。

プレーン生地で型に模
様を描いてから一度焼き、
そのあと生地を流します。
メレンゲは模様が焼き
上がるタイミングで混ぜ
始めるのがコツ。

白い花のチョコシフォン

| 1人分1/8切れ | **168** kcal | → | **104** kcal |

材料（直径17cmのシフォン型1台分）

卵（Mサイズ）… 4個（240g）

砂糖（卵白用）… 35g

砂糖（卵黄用）… 35g

薄力粉 … 45g

ココアパウダー … 12g

水 … 60㎖

準備

＊ オーブンは140℃に予熱する。

＊ 卵は卵白と卵黄に分け、それぞれを
　大きめのボウルに入れる。

＊ オーブンシートを切って円錐形に
　丸め、コルネ袋を作る（お絵描き用）。

作り方

1 卵白に砂糖を入れ、ハンドミキサー（高速）で泡立て、角が立つメレンゲを作る。

2 卵黄に砂糖を入れ、ハンドミキサー（低速）で白っぽくなるまで混ぜる。

3 2に水を加え、ハンドミキサー（低速）で混ぜる。

4 3に薄力粉をふるい入れ、ハンドミキサー（低速）で混ぜ、ゴムべらで均一になるまで混ぜる。

5 お絵描き用の生地を作る。別のボウルに4の生地大さじ2をとり、メレンゲ大さじ2を加えて混ぜる。

6 5をコルネ袋に入れ、先を少し切り、シフォン型の底、側面の順に花模様を描く。140℃のオーブンで3分焼き、とり出す。

7 残りの4に、ココアを加えハンドミキサー（低速）で混ぜる。残りのメレンゲを3回に分けて加え、ゴムべらで泡をつぶさないように混ぜる。

8 6の型に、7を流し入れる。

9 160℃のオーブンで40分焼く。途中7分たったら、4カ所切り込みを入れる。

10 焼き上がったら逆さまにして冷ます。

11 冷めたら、型から外す。

コルネ袋にプレーン生地を入れ、型の底、側面に花模様を描く。生地がやわらかいので、単純な模様が向いている。

型を焼いた状態。表面が固まればOK。焼いたあとに型に底板を入れる。

模様を描いた型に、生地を入れる。

シフォン型にセルク
ルを入れ、色を2色
に分けます。セルク
ルの形は丸やハート
などお好みで。

抹茶のお星さまシフォン

1人分1/8切れ　**180** kcal　→　**111** kcal

材料（直径17cmのシフォン型1台分）

卵（Mサイズ）… 4個（240g）

砂糖（卵白用）… 35g

砂糖（卵黄用）… 35g

薄力粉 … 37g

A｜薄力粉 … 30g
　｜抹茶 … 4g

水 … 60㎖

バニラオイル … 5滴

準備

＊ オーブンは160℃に予熱する。

＊ 卵は卵白と卵黄に分け、それぞれを
　大きめのボウルに入れる。

＊ Aは合わせて、ふるう。

作り方

1 卵白に砂糖を入れ、ハンドミキサー（高速）で泡立て、角が立つメレンゲを作る。

2 卵黄に砂糖を入れ、ハンドミキサー（低速）で白っぽくなるまで混ぜる。

3 2に水を加え、ハンドミキサー（低速）で混ぜる。

4 3の半量を、別のボウルにとる。薄力粉をふるい入れ、バニラオイルを加える。ハンドミキサー（低速）で混ぜ、ゴムべらで均一になるまで混ぜる。

5 残りの3に、Aをふるい入れ、同様に混ぜる。

6 4にメレンゲの半量を加え、ゴムべらで泡をつぶさないように手早く混ぜる。

7 5に残りのメレンゲを加え、泡をつぶさないように手早く混ぜる。

8 シフォン型に星形セルクルを入れ、内側にバニラ生地を入れる。外側に7の抹茶生地を入れる。セルクルを素早く引き抜く。セルクルについた生地は、のせる。

9 160℃のオーブンで40分焼く。途中7分たったら、4カ所切り込みを入れる。

10 焼き上がったら逆さまにして冷ます。

11 冷めたら、型から外す。

5cm　12cm

星形セルクルは、径12cm、高さ5cm程度のものをここでは使用。

セルクルの内側にバニラ生地、外側に抹茶生地を入れる。

セルクルは素早く真上に引き抜くのがコツ。ゆっくり引き抜くと、形がきれいに出ない。

ねこのお絵描きシフォン

シフォンに絵を描き、さらに生地は2色に色分けします。この本の中では技術的に一番難しいので、いくつか作って慣れてから、ぜひ挑戦してみてください。

材料（直径17cmのシフォン型1台分）

卵（Mサイズ）… 4個（240g）

砂糖（卵白用）… 35g

砂糖（卵黄用）… 35g

薄力粉 … 80g

水 … 60mℓ

A ┊ インスタントコーヒー … 大さじ2
　┊ 湯 … 小さじ1/2

◎お絵描き用生地

　ココアパウダー、薄力粉、砂糖
　　… 各大さじ1

　ベーキングパウダー … ひとつまみ

　水 … 大さじ1

準備

＊ オーブンは160℃に予熱する。

＊ 卵は卵白と卵黄に分け、それぞれを大きめのボウルに入れる。

＊ オーブンシートを切って円錐形に丸め、コルネ袋を作る（お絵描き用）。

＊ Aを混ぜる。

作り方

1 型に絵を描いて焼く。ボウルにお絵描き用生地の材料を入れ、ゴムべらでよく混ぜる。これをコルネ袋に入れ、先を少し切り、シフォン型の底、側面の順にねこの顔などを描く。160℃のオーブンで4分焼く。

2 卵白に砂糖を入れ、ハンドミキサー（高速）で泡立て、角が立つメレンゲを作る。

3 卵黄に砂糖を入れ、ハンドミキサー（低速）で白っぽくなるまで混ぜる。

4 3に水を加え、ハンドミキサー（低速）で混ぜる。

5 4に薄力粉をふるい入れ、ハンドミキサー（低速）で混ぜ、ゴムべらで均一になるまで混ぜる。

6 5の半量を別のボウルにとる。メレンゲの半量を加え、ゴムべらで泡をつぶさないよう混ぜる。

7 残りの5に、Aを加えてハンドミキサー（低速）で混ぜる。残りのメレンゲを加え、ゴムべらで泡をつぶさないよう混ぜる。

8 シフォン型にセルクルを入れ、内側に7のコーヒー生地を流し入れる。外側には、6のプレーン生地を入れる。セルクルをさっと引き抜く。セルクルについた生地はのせる。

9 160℃のオーブンで40分焼く。途中7分たったら、4カ所切り込みを入れる。

10 焼き上がったら逆さまにして冷ます。

11 冷めたら、型から外す。

1人分1/8切れ **182** kcal → **117** kcal

お絵描き用の生地を混ぜてコルネ袋に入れ、シフォン型の底、側面に絵を描く。

絵を描いたら、オーブンで絵の部分を乾かす程度に焼く。

シフォン型の底と側面をセットしたら、直径11cm程度のセルクルを型の中に入れる。

セルクルの内側と外側にそれぞれ生地を入れる。

セルクルを外すのを忘れずに。真上に素早く引き抜く。

シフォン生地でアレンジケーキ

シフォン生地を使って、カップケーキやロールケーキなどを作ります。
ノンオイルだからこそのしっとりやわらかい焼き菓子ができます。

ブルーベリーカップケーキ

1人分1個 **138** kcal → **101** kcal

カップケーキは焼き時間も短く、お手軽。ブルーベリーは型に入れ
てから差し込むと沈みません。

材料（直径7cmのカップケーキ型5個分）

卵（Mサイズ）… 2個（120g）
砂糖（卵白用）… 20g
砂糖（卵黄用）… 20g
薄力粉 … 40g
水 … 20mℓ
バニラオイル … 5滴
ブルーベリー（冷凍）
　　… 50g（30粒程度）

準備

* オーブンは180℃に予熱する。
* 卵は卵白と卵黄に分け、それぞれを
　大きめのボウルに入れる。
* カップケーキ型にグラシン紙を敷く。

作り方

1 卵白に砂糖を入れ、ハンドミキ
サー（高速）で泡立て、角が立つメ
レンゲを作る。

2 卵黄に砂糖を入れ、ハンドミキ
サー（低速）で白っぽくなるまで混
ぜる。

3 2に水、バニラオイルを加え、
ハンドミキサー（低速）で混ぜる。

4 3に薄力粉をふるい入れ、ハン
ドミキサー（低速）で混ぜ、ゴムベ
らで均一になるまで混ぜる。

5 1のメレンゲの半量を、4に加

えて混ぜる。

6 5をメレンゲのボウルに入れ、
泡をつぶさないように混ぜる。

7 マフィンカップに6を分け入れ、
ブルーベリーを上から差し込む。

8 180℃のオーブンで20分焼く。
焼き上がったらとり出して冷ます。

ブルーベリーは
生地に混ぜ込ま
ず、型に入れて
から差し込むよ
うに入れる。

ニューヨーク
カップケーキ

材料（直径7cmのカップケーキ型5個分）

卵（Mサイズ）… 2個（120g）

砂糖（卵白用）… 20g

砂糖（卵黄用）… 20g

薄力粉 … 40g

水 … 20mℓ

バニラオイル … 5滴

◎チーズ風クリーム
　　プレーンヨーグルト（無糖）
　　　　… 400g
　　砂糖 … 35g
└ バニラオイル … 適量

ドライいちご … 適量

ふんわり軽いシフォン生地のカップケーキに、ヨーグルトで作るチーズ風クリームを絞り出し、ヘルシーに仕上げました。

準備

* ヨーグルトはキッチンペーパーを敷いたざるに入れて包み、冷蔵庫に半日おく。キッチンペーパーをとり替えて重しをし、さらに冷蔵庫に半日おき、水きりをする。
* オーブンは180℃に予熱する。
* 卵は卵白と卵黄に分け、それぞれを大きめのボウルに入れる。
* カップケーキ型にグラシン紙を敷く。

作り方

1 卵白に砂糖を入れ、ハンドミキサー（高速）で泡立て、角が立つメレンゲを作る。

2 卵黄に砂糖を入れ、ハンドミキサー（低速）で白っぽくなるまで混ぜる。

3 2に水、バニラオイルを加え、ハンドミキサー（低速）で混ぜる。

4 3に薄力粉をふるい入れ、ハンドミキサー（低速）で混ぜ、ゴムべらで均一になるまで混ぜる。

5 1のメレンゲの半量を、4に加えて混ぜる。

6 5をメレンゲのボウルに入れ、泡をつぶさないように混ぜる。

7 マフィンカップに6を分け入れる。

8 180℃のオーブンで20分焼く。焼き上がったらとり出して冷ます。

9 チーズ風クリームを作る。ボウルに水きりしたヨーグルト、砂糖、バニラオイルを入れ、ゴムべらでよく混ぜる。

10 絞り出し袋に丸口金をつけて9を入れ、8のケーキに絞る。ドライいちごを散らす。

キッチンペーパーで包んだヨーグルトの上に、重しをおく。重しとして特別なものは必要なく、容器に水を入れたものでOK。

水気をきった状態。指で押してあとが残るくらいになればOK。

シフォンオムレット

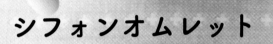

焼き上がったオムレット生地
はポリ袋に入れて冷ますと
ぱさつかず、亀裂も入らずに
きれいにサンドできます。

材料（4個分）

卵（Mサイズ）… 2個（120g）

砂糖（卵白用）… 20g

砂糖（卵黄用）… 20g

薄力粉 … 40g

水 … 20㎖

◎カスタードクリーム

　卵黄 … 1個分

　砂糖 … 50g

　薄力粉 … 20g

　牛乳 … 200㎖

└ バニラオイル … 適量

バナナ … 2本

準備

＊ オーブンは180℃に予熱する。

＊ 卵は卵白と卵黄に分け、それぞれを大きめのボウルに入れる。

＊ オーブンシートを天板の大きさに切り、直径12㎝の円を4つ描き、裏返して天板に敷く。

1人分1個　**314** kcal → **267** kcal

作り方

1　カスタードを作る。ボウルに卵黄、砂糖、薄力粉を入れ、牛乳を分量のうち20㎖加えて泡立て器ですり混ぜる。残りの牛乳を加え混ぜ、こしながら鍋に移す。これを中火にかけ、沸騰してとろみがつくまで混ぜながら加熱する。バニラオイルを加えて混ぜる。バットに移し、クリームにラップを張りつけて冷ます。

2　卵白に砂糖を入れ、ハンドミキサーの（高速）で泡立て、角が立つメレンゲを作る。

3　卵黄に砂糖を入れ、ハンドミキサー（低速）で白っぽくなるまで混ぜる。

4　3に水を加え、ハンドミキサー（低速）で混ぜる。

5　4に薄力粉をふるい入れ、ハンドミキサー（低速）で混ぜ、ゴムべらで均一になるまで混ぜる。

6　1のメレンゲの半量を、5に加えて混ぜる。

7　6をメレンゲのボウルに入れ、泡をつぶさないように混ぜる。

8　準備したオーブンシートの円に沿わせ、7の生地をのばす。

9　180℃のオーブンで15分焼く。焼き上がったらポリ袋の中に入れ、口を閉じ、冷ます。

10　絞り出し袋に星口金をつけ、1のカスタードを入れる。9に半分に切ったバナナをのせ、カスタードを絞る。

型紙は、ペンの色が生地に移らないよう、書いたほうを下面にしておく。生地を円の中心に置き、線に沿ってのばす。

焼き上がった生地は1枚ずつポリ袋に入れて、口を閉じ、冷めるまでおく。

チョコシフォンの生地をロールケーキにアレンジしました。焼き上がったスポンジ生地は、バットをかぶせて蒸らしながら冷ますと、亀裂が入らず、きれいに巻けます。

材料（長さ30cmのもの1本分）

卵（Mサイズ）… 3個（180g）

砂糖（卵白用）… 20g

砂糖（卵黄用）… 20g

薄力粉 … 40g

ココアパウダー … 10g

水 … 40ml

◎チョコカスタードクリーム

　卵黄 … 1個分

　砂糖 … 50g

　薄力粉 … 13g

　ココアパウダー … 13g

　牛乳 … 200ml

└ バニラオイル … 適量

チョコ
シフォンロール

準備

* オーブンは180℃に予熱する。

* 卵は卵白と卵黄に分け、それぞれを大きめのボウルに入れる。

* 25cm×30cmほどのバットにオーブンシートを敷く。

作り方

1 チョコカスタードを作る。ボウルに卵黄、砂糖、薄力粉、ココアを入れ、牛乳を分量のうち20ml加え、泡立て器ですり混ぜる。残りの牛乳を加え混ぜ、こしながら鍋に移す。中火にかけ、沸騰してとろみがつくまでゴムべらで混ぜながら加熱する。バニラオイルを加えて混ぜる。バットに移し、クリームにラップを張りつけて冷ます。

2 卵白に砂糖を入れ、ハンドミキサーの（高速）で泡立て、角が立つメレンゲを作る。

3 卵黄に砂糖を入れ、ハンドミキサー（低速）で混ぜる。

4 **3**に水を加え、ハンドミキサー（低速）で混ぜる。

5 **4**に薄力粉、ココアをふるい入れ、ハンドミキサー（低速）で混ぜ、ゴムべらで均一になるまで混ぜる。

6 **1**のメレンゲの半量を、**5**に加えて混ぜる。

7 **6**をメレンゲのボウルに入れ、泡をつぶさないように混ぜる。

8 オーブンシートを敷いたバットに、**7**の生地を流し入れる。

9 180℃のオーブンで18分焼く。焼き上がったら、オーブンシートごとバットから出し、上にバットをかぶせ、蒸らしながら冷ます。

10 **9**の生地は、巻きやすいようにナイフで筋目を入れ、**1**のクリームをぬり、手前から引きながら巻く。好みでココアを振る。

オーブンシートは四隅に切り込みを入れ、バットに敷く。生地を流し入れ、カードで全体にのばす。

焼き上がったら、オーブンシートごととり出し、ケーキクーラーに置き、敷いていたバットをかぶせる。

オーブンシートをはがし、白い紙（コピー用紙でOK）の上に置く。巻き始めに5mm幅ほどの筋目を入れる。

ケーキ生地の上面全体にクリームをぬる。巻き始めを折り込むように巻いたら、あとは白い紙を奥側に引きながら巻く。

フィンランドのクリスマ
スケーキをアレンジし
ました。ベリーの甘ずっ
ぱさと香りが、この生
地によく合います。

ベリートルテ

材料（直径18cmの丸型1台分）

卵（Mサイズ）… 3個（180g）

砂糖（卵白用）… 30g

砂糖（卵黄用）… 30g

薄力粉 … 60g

水 … 45ml

バニラオイル … 5滴

レモンの皮のすりおろし … 適量

冷凍いちご、冷凍ラズベリーなど
　好みのもの … 100g

スライスアーモンド … 適量

粉糖 … 適量

準備

＊ オーブンは180℃に予熱する。

＊ 卵は卵白と卵黄に分け、それぞれを大き
　めのボウルに入れる。

＊ 冷凍いちごなどはざるにあけて解凍し、
　水気をきる。

＊ 丸型にオーブンシートを敷く。

作り方

1 卵白に砂糖を入れ、ハンドミキサー（高速）で泡立て、角が立つメレンゲを作る。

2 卵黄に砂糖を入れ、ハンドミキサー（低速）で白っぽくなるまで混ぜる。

3 2に水、バニラオイル、レモンの皮を加え、ハンドミキサー（低速）で混ぜる。

4 3に薄力粉をふるい入れ、ハンドミキサー（低速）で混ぜ、ゴムべらで均一になるまで混ぜる。

5 1のメレンゲの半量を、4に加えて混ぜる。

6 5をメレンゲのボウルに入れ、泡をつぶさないように混ぜる。

7 準備した型に6を流し入れる。

8 180℃のオーブンで35分焼く。途中12分たったら一度出す。ケーキの上にいちごなどをのせ、アーモンドを散らし、粉糖を振る。再びオーブンに入れ、時間まで焼く。竹串で刺して、生地がついてこなければOK。

9 とり出して冷ます。粗熱がとれたら、粉糖を再度振る。

最初からのせると下に沈んで見えなくなるので、ベリー類は中心が膨らむまで焼いてからのせる。

シフォンケーキQ&A

シフォンケーキのよくある質問、失敗例をとり上げました。計量や焼き加減など、ポイントを押さえれば大丈夫。
詳しく解説していますので、参考にしてください。

Q シフォンケーキを切ってみたら、中に大きな空洞ができていました。

A. 卵の分量が多い（＝卵が大きい）のが原因です。卵は殻つきで、1個60g、4個で240g前後で作ってください。卵が小さいと膨らみの少ないシフォンケーキになります。逆に卵の量が多いと、よく膨らみますが、中に空洞ができてしまいます。また、水分が多いのも空洞ができる原因になります。

Q 卵はしっかり泡立てたのですが、あまり膨らみませんでした。

A. メレンゲの泡立てをしっかりしましたか？　ノンオイルシフォンケーキの膨らみは、卵白に空気を含ませるメレンゲに頼っています。しっかり泡立て、泡を消しすぎないように均一に混ぜ、手早くオーブンに入れて焼き上げることが大切です。すぐにオーブンに入れられるよう予熱は前もってしておきましょう。

Q よく膨らんで焼き上がったのですが、逆さまにして冷ましているうちに、しぼんでしまいました。

A. シフォンは、生地が中心の棒に張りつき、膨らみを保っています。中心部の焼きが足りないと、冷ますうちに縮んで棒からはがれてしまい、しぼむ原因になります。時間どおりに焼いても、表面の焼き色が足りないときは最後に温度を180℃くらいに上げ、中心の棒の周りの生地が軽く焦げるまで焼くと、しっかり張りつき、しぼみを予防できます。

中心の棒の周りが白っぽいのは焼きが足りない証拠。冷めると生地がはがれて縮んでしまう。

中心の棒の周りの生地が茶色く焼け、棒にしっかり張りついているのを確認して。

Q シフォンケーキを型から外すとき、型のフッ素樹脂加工をはがしてしまいました。

A.フッ素樹脂加工のシフォン型は向きません。アルミ製のものを、油などをぬらずに使用してください。

Q 型から外すのがうまくできず、ボロボロになってしまいました。

A.シフォンケーキの型出しは、練習が必要です。絶えず型にナイフの刃が当たっていることを確認しながら、ゆっくり注意深く外してください。回数を重ねることで上手に外せるようになります。あきらめずにがんばってください。

Q シフォンケーキに混ぜ込んだ具が沈んでしまいました。

A.シフォンケーキの生地は水分が多いため、混ぜ込む具が大きいと沈んでしまいます。具材は5mm角程度に細かく刻み、最後（メレンゲと合わせたあと）に加えて混ぜてください。

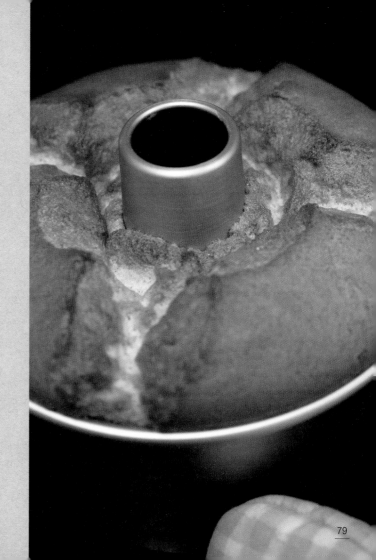

茨木くみ子（いばらき・くみこ）

健康料理研究家。聖路加看護大学（当時）を卒業後、保健師として健康管理業務にあたる。自身の摂食障害の体験からふとることなく、心身ともに健康的な食生活は穀物をしっかり食べる和食にあることを痛感。茨木クッキングスタジオを主宰し、油脂を使用しないで作る、パン、お菓子、料理の教室を開くとともに、健康的なダイエット法を雑誌、テレビ、講演会などを通して普及に努めている。著書に『こねない ふとらない食パン』（文化出版局）などがある。

ブックデザイン	鳥沢智沙（sunshine bird graphic）
撮影	広瀬貴子
スタイリング	久保原恵理
調理アシスタント	川村みちの、斎藤寿美、石川美樹、小林恵美子
校閲	武 由記子
編集・エネルギー計算	杉岾伸香（管理栄養士）
編集	浅井香織（文化出版局）
協力	池商　電話　042-795-4311

TOMIZ（富澤商店）
オンラインショップ　https://tomiz.com/
電話　042-776-6488

オイルじゃなくて水だから
ふとらない シフォンケーキ

2020年 3月8日　第1刷発行
2021年12月8日　第3刷発行

著　者	茨木くみ子
発行者	濱田勝宏
発行所	学校法人文化学園 文化出版局

〒151-8524　東京都渋谷区代々木3-22-1
電話03-3299-2565（編集）
　　03-3299-2540（営業）

印刷所	凸版印刷株式会社
製本所	大口製本印刷株式会社

文化出版局のホームページ　http://books.bunka.ac.jp/